보글보글
열 단어
한국사 라면

글 양화당

햇살 좋은 사무실에서 어린이책을 기획하고 집필하는 일을 하고 있습니다.
어린이들이 재미있게 읽으면서 마음의 양식으로 삼을 수 있는 따뜻하고
영양가 있는 책을 많이 쓰고 만드는 게 꿈이랍니다.
쓴 책으로 《K탐정의 척척척 대한민국》 시리즈, 《새콤달콤 열 단어 과학 캔디》 시리즈,
『신비아파트 공부 귀신 1. 발명품이 사라졌다』 등이 있습니다.

그림 오승만

한국출판미술대전 및 한일 만화공모전 등 여러 공모전에 입상했습니다.
『세종대왕의 생각실험실』, 『초등학생을 위한 빅 히스토리』, 『플루타르크 영웅전』,
『구석구석 놀라운 인체』 등 어린이책에 그림을 그렸습니다.
현재 '마이허밍버드'라는 일러스트 스튜디오를 운영하며 그림책을 만들고 있습니다.

감수 서울대학교 뿌리깊은 역사나무

역사 연구와 역사 교육의 성과를 널리 알리기 위해 서울대학교 역사교육과
김태웅 교수와 대학원생들이 만든 모임입니다. 학교 선생님, 학생 그리고
역사에 관심 있는 시민들과 더불어 오늘의 역사 교육 문제를 풀어 가고자
노력하고 있습니다.

보글보글 열 단어 한국사 라면_3 통일 신라·발해·고려

초판 1쇄 발행 2024년 9월 9일 | 초판 2쇄 발행 2024년 12월 16일
글 양화당 | 그림 오승만 | 감수 서울대학교 뿌리깊은 역사나무
발행인 이봉주 | 편집장 안경숙 | 편집관리 윤정원 | 편집 송미영, 금민선 | 디자인 알토란
마케팅 정지운, 박현아, 원숙영, 김지운, 황지영 | 제작 신홍섭
펴낸곳 (주)웅진씽크빅 | 주소 경기도 파주시 회동길 20 (우)10881
문의 전화 031)956-7440(편집), 031)956-7569, 7570(마케팅)
홈페이지 www.wjjunior.co.kr | 블로그 blog.naver.com/wj_junior | 페이스북 facebook.com/wjbook
트위터 @new_wjjr | 인스타그램 @woongjin_junior
출판신고 1980년 3월 29일 제406-2007-00046호 | 제조국 대한민국 | 사용연령 7세 이상

글 ⓒ 양화당, 2024 | 그림 ⓒ 오승만, 2024
저작권자와 맺은 특약에 따라 검인을 생략합니다.

ISBN 978-89-01-27985-5, 978-89-01-27982-4(세트)

• 잘못 만들어진 책은 바꾸어 드립니다.
웅진주니어는 (주)웅진씽크빅의 유아·아동·청소년 도서 브랜드입니다. 저작권법에 의해 한국 내에서 보호를 받는 저작물이므로 무단 전재와 무단 복제를 금지하며,
이 책 내용의 전부 또는 일부를 이용하려면 반드시 저작권자와 (주)웅진씽크빅의 서면 동의를 받아야 합니다.

⚠ 주의 1. 책 모서리가 날카로워 다칠 수 있으니 사람을 향해 던지거나 떨어뜨리지 마십시오. 2. 보관 시 직사광선이나 습기 찬 곳은 피해 주십시오.

보글보글
열 단어 한국사 라면

3 통일 신라·발해·고려

양화당 글 | 오승만 그림

웅진주니어

열 단어를 찾아서 GO, GO!

통일 신라

하나	11
금성	15
원효	19
불국사	23
인도 여행기	27
신라방	31
장보고	35
왕위 다툼	39
6두품	43
후삼국	47

우린 라면에 꼭 필요한 사총사. 우린 젓가락.

우린 물, 불, 냄비.

발해

대조영	57
고구려 후예	61
등주성 공격	65
상경성	69
다섯 길	73
다문화	77
해동성국	81
라이벌	85
여장부	89
애왕	93

고려

왕건	103
과거 시험	107
코리아	111
외교 천재	115
귀주 대첩	119
고려청자	123
무신의 난	127
팔만대장경	131
공민왕	135
최영	139

하나

 삼국이 통일되어 하나가 되었어.
통일을 이룬 문무왕은 뭘 했을까?

1 전 세계에서 축하 편지를 받았다.

2 무기를 녹여 농기구를 만들었다.

3 부자 나라를 만들려고 보물섬을 찾았다.

4 동해 바닷속에 궁궐을 지었다.

ㄹ 무기를 녹여 농기구를 만들었다.

문무왕은 고구려, 백제, 신라 삼국을 통일했어.
그 뒤 고구려와 백제의 귀족들에게도 벼슬을 내리고,
세 나라 백성이 한마음으로 신라 백성이 되도록 힘썼지.
또 전쟁에 사용한 무기도 모두 모아 농기구로 바꾸어서
백성들이 농사에 쓸 수 있게 나눠 주었어.

이게 다 신라의 땅!

이게 바로 9주 5소경이구나.

문무왕의 아들 신문왕은
넓어진 땅을 잘 다스릴 방책을 고민했어.
비록 대동강 북쪽 땅은 잃었지만,
통일 전과 비교하면 몇 배로 땅이 넓어졌거든.
신문왕은 지방을 9개로 나누고, 작은 도읍 5개를 두어
나라 곳곳에서 일어나는 일을 고루 살필 수 있게 했어.
그 덕분에 신라의 백성들은 곧 안정과 평화를 누리게 되었어.

신라를 무척이나 사랑했던 문무왕은 죽기 전에 유언을 남겼어. 뭐였을까?
① 동해에 묻혀 용이 될래.   ② 나라를 지키는 칼이 될래.

 **1 동해에 묻혀 용이 될래.**

문무왕은 용이 되어 신라를 지키겠다며 동해에 묻혔어.
그런데 그 뒤 아주 신기한 일이 일어났지.

어느 날, 바다를 둥둥 떠다니는 섬이 발견되었어.
"대나무가 두 그루 있네."
"밤엔 하나가 된대요!"

이 일은 신문왕에게도 알려졌어.
"문무왕께서 나라를 지킬 보배를 보내시려는 겁니다!"
"오, 아바마마께서?"

"이 섬의 대나무로 피리를 만드시오!"
"예."
신문왕은 섬을 보고 명령했어.

"이걸 '만파식적'이라고 부르겠노라!"
"국보로 삼읍시다!"
피리를 만들어 불자 적군이 물러가고, 가뭄엔 비가 내렸어.

'만파식적'은 근심을 없애고 평안하게 하는 피리라는 뜻이야.
이 이야기는 전설이지만, 신라에 평화가 온 건 틀림없지.

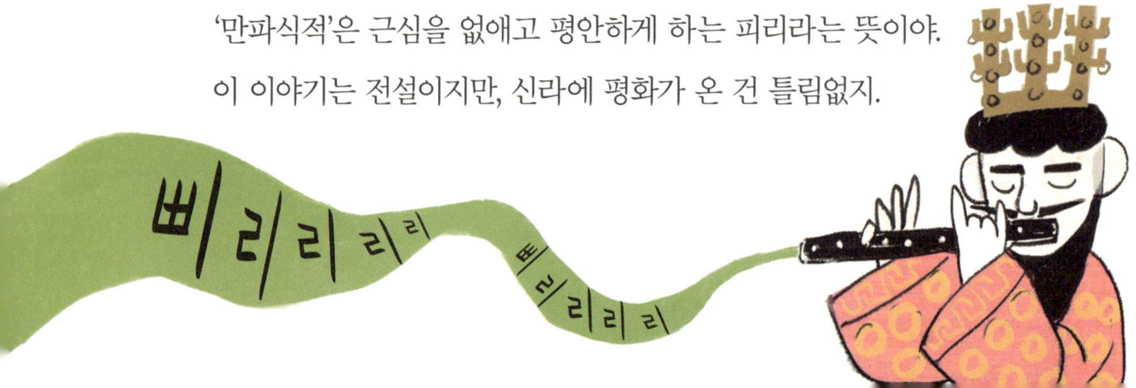

금성

 통일된 뒤에도 쭉 신라의 도읍이었어.
금성엔 뭐가 있었을까?

1 다이아몬드가 가득한 산

2 에메랄드가 흐르는 강

3 금으로 꾸민 화려한 집

4 진주로 장식한 변기

3 금으로 꾸민 화려한 집

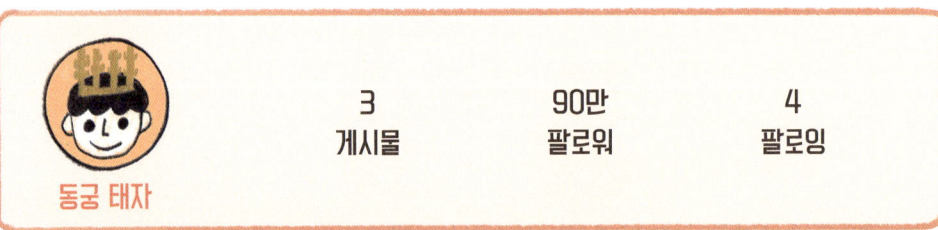

동궁 태자 3 게시물   90만 팔로워   4 팔로잉

월지 연못이 잘 나오도록 찍거라.

우리도 같이 나오게 해 주세요.

달이 비치는 모습까지 찍어 드리겠습니다.

임금인 아버지께서 날 위해 새로 지어 주신 동궁! 임해전 건물도 멋지지만 땅을 파서 만든 월지 연못이 최고! 신기한 동물을 모두 모아 섬에서 키워야지.

#금성에서_가장_아름다운_연못 #월지는_달이_비친다는_뜻 #동궁_태자의_일상

태자님! 새집 장만 축하! 축하!
집들이는 언제 해요?

으아, 눈부셔!

금성에서 잘나가는 친척 집 방문 인증샷! 지붕, 기둥, 문이 모두 금으로 칠해져서 이름도 금입택! 아버지, 우리 궁궐도 금으로 지으면 안 돼요?

#금성에서_35번째_금입택
#잘나가는_귀족은_금입택이_기본
#집_구경할_땐_선글라스가_필수!

 금이 얼마나 많으면 집에 칠할까?
 역시 귀족은 집도 어마어마하구나!

금입택에 어울리는 인테리어는 최고급 양탄자. 바닥에서 올라오는 찬 기운도 막아 줘서, 겨울 생활의 필수품. 역시 신라인의 솜씨는 최고야!

#국산_최고급_양탄자
#페르시아_양탄자_부럽지_않아
#요즘_핫한_일본_수출품

 양탄자가 그렇게 따뜻하다면서요?
 겨울 오기 전에 나도 하나 장만하고 싶네.

금성의 백성들은 어디서 살았을까?

① 초라한 초가집   ② 번듯한 기와집   ③ 고층 아파트

2 번듯한 기와집

금성의 백성들은 작지만
번듯한 기와집에서 살았어.
귀족들만큼 화려하지는
않았지만 백성들의 삶도
초라하지 않았어.
음식을 할 때도 나무를 태우지 않고
값비싼 숯을 사서 땔감으로 썼지.
신라 사람은 누구나 금성에 살고 싶어 했어.
금성엔 날이 갈수록 더욱 많은 사람이 모였고,
한때 90만 명이 넘는 사람들이 사는 큰 도시가 되었어.

원효

 백성들에게 부처의 가르침을 널리 알린 승려야.
뭐라고 가르쳤을까?

1 '나무아미타불'만 외우면 된다.	2 목욕을 하면 안 된다.

3 물구나무서서 불경을 써야 한다.	4 백 일 동안 고기를 먹으면 안 된다.

원효의 가르침을 따라 열심히 염불을 왼 노비가 있었어. 누굴까?

① 냉면　　② 욱면　　③ 울면

2 욱면

원효 덕분에 노비에게까지 불교가 퍼져 나갔고,
많은 신라 백성이 불교를 믿게 되었어.

넷

불국사

통일 신라 때 지은 유명한 절이야.
절은 왜 지었을까?

1 부자라고 자랑하고 싶어서

2 복을 빌기 위해서

3 절에서 살기 위해서

4 세계 문화유산에 선정되려고

 **2 복을 빌기 위해서**

누가 내 얘길 하는구나.

내 이름은 김대성. 나는 원래 가난한 집 아들이었어.
그런데 어느 날 스님에게서 놀라운 말을 들었지 뭐야!

부처님께 재산을 바치면 나중에 큰 복을 받는단다.

진짜로요?

나는 어머니와 의논해서 전 재산인
작은 밭을 부처님께 바쳤어.
얼마 뒤 나는 죽었지만,
고귀한 재상의 아들로 다시 태어났어.
나는 자라서 부모님의 복을 빌기
위해 건물을 짓기로 했어.
전생 부모님을 위해서는 석굴암을,
현생 부모님을 위해서는
불국사를 지었지.

쪽지에 쓰인 대로 이름을 김대성이라고 지어야겠네.

대박! 스님의 말이 정말로 맞았어!

3 남산

효소왕은 망덕사라는 절이 지어진 걸 축하하러
갔다가 차림이 누추한 승려를 봤어.

그런 차림으로
감히 날 보러 오다니.

어디 가서
임금을 만났다고
하지 말라!

임금님도
부처에게 절했다고
하지 마시오.
나도 절 안 받은
걸로 할 테니.

헉,
내가 부처님을
몰라보다니.

승려는 그 말을 남기고 남산 쪽으로 날아가 버렸어.
효소왕은 급히 신하를 보내 부처를 찾게 했어.
하지만 남산엔 지팡이와 그릇만 남아 있었지.
이 소식을 듣고 부처를 만나러 너도나도 남산으로 갔어.
그곳에 불상을 새기고, 탑을 쌓으며 복을 빌었지.
곧 남산 전체가 커다란 절처럼 변했어.

나무아미타불
나무아미타불
나무아미타불
나무아미타불
나무아미타불

인도 여행기

승려 혜초가 인도를 여행하고 쓴 책이야.
왜 먼 인도까지 갔을까?

1 인도 불교를 배우려고

2 카레가 먹고 싶어서

3 요가를 익히려고

4 인도 홍차를 맛보려고

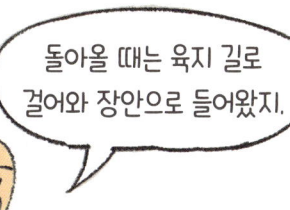

혜초가 쓴 여행기의 제목은 무엇일까?
① 걸리버 여행기　　② 이상한 나라의 혜초　　③ 왕오천축국전

3 왕오천축국전

혜초는 돌아와 『왕오천축국전』이라는 여행기를 썼어.
이 여행기를 읽은 신라 사람들은
신라 밖 세상이 궁금해졌어.
『왕오천축국전』에는 어떤 내용이
담겨 있었을까?

'왕'은 한자로 그곳에 갔다는 뜻이야.

'오천축국'은 인도에 있던 다섯 나라를 말해.

인도에는 코끼리를 9백 마리나 가지고 있는 임금이 있어.

아무것도 입지 않고 다니는 사람들도 봤어. 욕심을 버리기 위해서래.

불교 말고 다른 종교를 믿는 사람도 많았어. 신도 많고.

세상은 넓고 신기하구나.

우아, 신기하다

나도 다른 나라에 가 볼까?

나도 인도 갈래.

코끼리 보고 싶다.

신라방

다른 나라에 있던 신라 사람들의 마을이야.
어느 나라일까?

1 신나게 노래 부르는 라라라 나라

2 신발에 라면 담아 먹는 우웩 나라

후루룩

3 중국에 있던 당나라

4 라디오가 방귀 뀌는 뿡뿡 나라

31

3 중국에 있던 당나라

신라방은 신라와 가까운 당나라 해안 지방 여러 곳에 있었어. 이곳은 사신, 유학생, 승려 등으로 항상 북적였어.

하지만 가장 많은 건 상인이었지.
이들은 당나라와 신라를 부지런히 오가며 새로운 물건들을 실어 날랐어.

2 사치품 사용 금지

서라벌의 시장에는 신라방에서 온 물건들이 넘쳐 났어.
시장의 수도 하나에서 셋으로 늘었지.
귀족들은 너도나도 비싼 외국 물건으로 치장했어.

결국 흥덕왕은 사치품 사용을 금지한다는 명령까지 내렸어.
그런다고 다른 나라에 대한 호기심까지 막을 수 있을까?
신라방은 신라 사람들로 더욱 북적거렸어.

장보고

장보고는 '바다의 왕'이야.
왜 이렇게 불렀을까?

| 1 제일 큰 물고기를 낚아서 | 2 수영 천재라서 |

| 3 용왕의 아들이라 | 4 서해와 남해에서 이름을 떨쳐서 |

4 서해와 남해에서 이름을 떨쳐서

장보고의 해적 소탕 대작전

 **1 도자기**

"장보고가 잘나가도 고귀한 귀족에 비할까?"

"귀족은 하늘이 허락한 계급."

장보고는 신라에서 만든 도자기를 일본에 팔아 더 큰 부자가 됐어. 장보고는 이제 부러울 게 없었어. 단 한 가지 아쉬운 게 있다면 신분이 낮다는 것. 그래서 자신의 딸을 문성왕의 왕비로 들이려 했어. 하지만 신라에서는 골품이라는 신분 계급이 아주 중요해서, 평범한 섬사람 출신인 장보고의 딸은 왕비가 될 수 없었어.

"난 강한 군대와 큰돈을 가진 바다의 지배자 장보고인데. 신분의 벽이 이렇게 높단 말인가?"

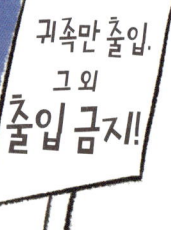 귀족만 출입. 그 외 **출입 금지!**

"장군! 힘내세요. 우리가 있잖아요."

여덟

왕위 다툼

 신라 말기에 왕위 다툼이 자주 일어났어.
왜 그랬을까?

1 서로 임금 자리를 양보해서	2 임금의 후손이 끊겨서

3 일본이 싸우라고 꼬드겨서	4 임금이 되면 우주선을 태워 준대서

2 임금의 후손이 끊겨서

태종 무열왕 김춘추를 기억하지?
처음으로 진골 신분으로 임금이 된 사람이야.
그 후손이 대대로 왕위를 이어받았는데,
혜공왕이 자녀 없이 죽자 진골 중 가장 높은
이가 임금이 되었어. 그게 바로 선덕왕이야.
그 뒤로 진골들은 누구나 임금이 되고
싶다는 야심을 품게 되었어.

선덕왕

으하하

"임금의 후손이 아니라도 신분이 높은 진골은 임금이 될 수 있는 시대가 되었다고!"

김헌창

주인을 찾습니다.

"오호라! 잘하면 아버지랑 나도 임금이 될 수 있겠는걸."

마침 김헌창의 아버지가 다음 임금으로 추대되었어.
하지만 금성으로 가는 길에 비가 너무 많이 내려
개천이 넘쳐 버렸지 뭐야.
그러는 사이 다른 사람이 임금 자리에 올랐지.
김헌창은 군사를 모아 반란을 일으켰지만,
결국 실패했어.

김헌창 아버지

여길 건너야
금성으로 가는데.

늦으면 소용없어.
내가 임금이
될 거야!

웃기지 마!
임금은
나야, 나!

그 뒤로도 진골 귀족들은
서로 임금이 되겠다고 싸웠어.
혜공왕 이후로 150년 동안 임금이 20번이나 바뀌었지.

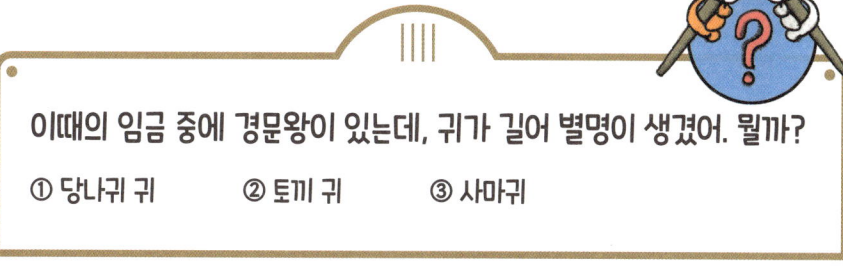

이때의 임금 중에 경문왕이 있는데, 귀가 길어 별명이 생겼어. 뭘까?
① 당나귀 귀   ② 토끼 귀   ③ 사마귀

1 당나귀 귀

경문왕은 긴 귀를 머리쓰개로 감추고 다녔어.
머리쓰개 장인은 비밀을 알았지만, 말할 수 없었어.
장인은 아무도 없는 대나무 숲에 가서 맘껏 외쳤어.
"임금님 귀는 당나귀 귀다!"
그 뒤로 바람이 불 때마다 대나무
숲에서 "임금님 귀는 당나귀 귀다."라는
소리가 울려 나왔대.

경문왕은 진짜 귀가 길었을까?
경문왕이 혼란한 나라를 다시 일으키려고 백성들의 이야기에 귀 기울인 덕분에 이런 말이 생겼을지도 몰라. 하지만 홍수가 나고, 지진이 일어나고, 전염병까지 도는 바람에 경문왕의 노력은 결실을 거두지 못했어.

아홉

6두품

진골 귀족 아래의 신분이야.
6두품 중 유명한 사람이 누굴까?

1 최씨 집안의 천재, 최치원

2 박씨 집안의 말썽쟁이, 박막나가네

3 이씨 집안을 일으킨 이르키세

4 의좋은 형제, 너구리와 두루미

1 최씨 집안의 천재, 최치원

최치원이 당나라에서 관리로 일하던 때, 반란을 일으킨 '황소'라는 사람을 꾸짖는 글을 썼어. 그런데 황소가 이 글을 읽고는 반란을 멈추지 않으면 큰 화를 입을 거라 여겨 후퇴했어. 최치원은 이 일로 당나라 임금에게 상을 받고 유명해졌어.

역시 최고로 멋져요!

가끔은 나 자신에게 놀랐었지. 훗!

최치원 최고!

우아!

신라의 자랑

최치원 프로필

신분: 6두품

어린 시절: 신라에서 소문난 공부 천재

자랑거리: 12세에 당나라로 건너가 17세에 과거 시험에 1등으로 합격.

특기: 글을 매우 잘 씀.

하지만 신라로 돌아온 최치원은 아찬이란 낮은 벼슬을 받았어. 6두품 신분은 아무리 똑똑해도 높은 벼슬에 오를 수 없었거든. 최치원은 새로운 정책을 만들어 여왕에게 건의했어. 진성 여왕은 좋아했지만, 진골 귀족들이 반대했어.

최치원은 그다음에 어떻게 했을까?
① 진골 귀족의 신분을 샀다.   ② 벼슬을 버렸다.   ③ 글쓰기 학원을 세웠다.

2 벼슬을 버렸다.

최치원과 같은 6두품 신분인 최승우도 차별을 받았어. 그때 최승우를 반갑게 맞아 주는 사람이 있었어.

지방에서 세력을 키우던 견훤이었지.
지방 세력과 6두품 세력이 힘을 합치니, 두려울 게 없었어.
이제 신라의 앞날은 어떻게 되려나?

후삼국

신라가 셋으로 나뉘어 후삼국이 되었어.
왜 나뉘었을까?

1 신라가 힘이 약해져서

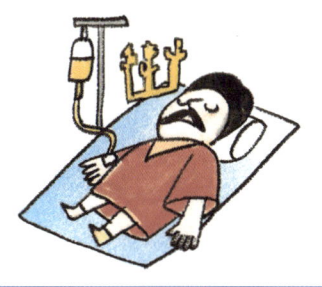

2 세 왕자에게 하나씩 물려주려고

3 백제, 고구려 귀신이 땅을 달래서

4 임금이 돈을 벌려고 땅을 팔아서

1 신라가 힘이 약해져서

짐은 옛 고구려 땅에 후고구려를 세웠다.

난 고구려 유민들
도움을 받은 지방 세력!
신라 왕족이었는데, 어릴 때 버려졌어.
나는 신라가 힘이 약해진 틈을 타서
후고구려를 세우고, 원수도 갚으려 했지.
하지만 의심병 때문에 호족들에게 의해 쫓겨났어.
그 뒤 호족들은 왕건을 임금으로 추대하고,
나라 이름도 고려로 바꾸더군.

짐은 옛 백제 땅에 후백제를 세웠다.

난 무진주(광주)에서 세력을 키운
지방 세력! 굶주린 백성들이
도적 떼가 되는 걸 보고 결심했어.
"좋은 나라를 만들어 보자!"
처음엔 서라벌을 공격할 정도로
잘나갔는데 말이야….

짐은 작아진 신라를 지키고 있다.

경순왕

난 날로 약해지는 금성 세력!
금성 주변만 지키며 겨우 버티고 있어.
결국 난 신하들을 모두 모이라고 했어.
신라의 앞날을 위해 중요한 결정을 내렸거든.

신라의 경순왕은 어떤 결정을 내렸을까?
① 모두 도망가자고 했다.   ② 나라를 바치자고 했다.

2 나라를 바치자고 했다.

경순왕은 나라를 고려에 바치겠다고 했어.
그러자 첫째 아들인 마의 태자가 반대했어.
하지만 신하들도 모두 항복하자며
마의 태자를 설득했어.

> 항복은 절대 반대! 안 됩니다!

> 우리가 보고 있다!

> 신라는 지금 버틸 힘이 없다. 후백제에 먹히느니, 차라리 고려가 낫다.

> 태자님도 이제 포기하시죠.

마의 태자는 체념하고 금강산으로 들어가 버렸어.
경순왕은 신하들과 함께 고려에 항복하러 떠났지.
그렇게 경순왕은 신라의 마지막 임금이 되었어.
그 뒤 금성은 경주로 바뀌었어.
천 년 도읍 금성은 고려의 지방 도시가 되고 말았지.

대조영

 대조영은 발해를 세운 사람이야.
왜 나라를 세웠을까?

1 꿈에 계시를 받아서

2 학교 숙제라서

3 나라 세우는 게 취미라서

4 나라 없는 게 서러워서

 4 나라 없는 게 서러워서

대조영의 당나라 탈출기

2 당나라에서 더 멀어지려고

당나라군이 군사를 모아 또 쫓아올지도 모르잖아.
그래서 당나라에서 멀찌감치 떨어진 곳으로 갔어.

동모산은 예전에 고구려 땅이었는데,
사방이 험준한 산으로 둘러싸여 있었어.
대조영은 이곳에 성을 쌓고 새로운 나라,
발해를 세웠어.

고구려 후예

발해 사람들은 자신들을 고구려의 후예라고 여겼어. 왜 그랬을까?

1 '후예'라고 하면 왠지 멋져 보여서

2 고씨가 많아서

3 고구려 유민들이 세운 나라여서

4 고구려라면 호랑이도 무서워해서

3 고구려 유민들이 세운 나라여서

대조영이 나라를 세우자, 고구려 유민들이 모여들었어.
갈 곳이 없던 말갈족도 발해로 왔어.
발해는 고구려 유민과 말갈족이 함께 사는 나라가 됐어.

하지만 발해를 다스리는 일은 대부분 고구려 출신들이 했어.
그중 '대'씨와 '고'씨 성을 가진 사람이 절반을 넘었지.

자신들을 고구려의 후예라고 생각한 발해 사람들은
고구려의 옛 땅도 대부분 되찾았어.

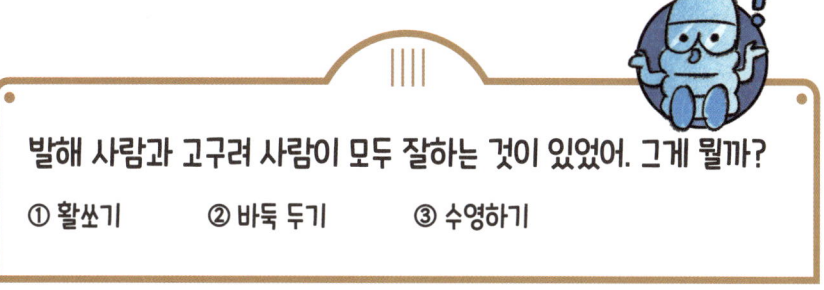

발해 사람과 고구려 사람이 모두 잘하는 것이 있었어. 그게 뭘까?
① 활쏘기　　② 바둑 두기　　③ 수영하기

등주성 공격

 발해가 먼저 공격하여 크게 이긴 전투야.
어느 나라와 싸웠을까?

1 간장 나라	2 당나라

3 후추 나라	4 설탕 나라

 ## 2 당나라

발해는 말갈족의 하나인 흑수말갈이 세운 나라와 친했어.
그런데 흑수말갈이 당나라와 한편이 되었다는 소식이 들렸지.
발해의 무왕은 화가 났어.

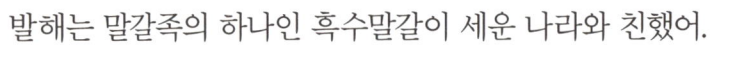

그때 무왕의 동생이 나서서 공격을 반대했어.
무왕은 화가 나 동생을 옥에 가두고, 흑수말갈을 공격해 각서를 받았어.

그사이 무왕의 동생이 당나라로 달아났어.
당나라가 동생을 돌려보내지 않자,
무왕은 당나라 공격을 명령했어.
장문휴 장군은 곧바로 수군 2만 명을 이끌고
당나라 전함이 모여 있던 등주성으로 갔어.

등주성 공격에서 진 당나라는 어떻게 했을까?
① 발해를 공격하지 않겠다고 각서를 썼다.   ② 신라에 도움을 청했다.

2 신라에 도움을 청했다.

당나라는 발해 남쪽에 있는 신라에 지원군을 요청했어.
하지만 당나라와 신라는 북쪽의 매서운 추위를 생각하지 못했어.
발해로 향하던 많은 군사가 동상에 걸리고, 얼어 죽었어.
게다가 눈까지 내려 발해 근처에도 못 왔어.
두 나라의 발해 공격은 허무하게 끝나 버렸어.
그 뒤로 발해는 당나라가 무시 못 할 큰 나라가 되었어.

 넷

상경성

 가장 오랫동안 발해의 도읍이었던 곳이야.
처음 이곳을 도읍으로 정한 임금은 누구일까?

1 문왕

2 마루 왕

3 솥뚜껑 왕

4 지붕 왕

2 방을 온돌로 따끈하게 데우기

상경성 사람들은 온돌방에서 따뜻하게 겨울을 지냈어.
마치 고구려 사람들 같지?

상경성에는 절도 10여 곳이나 생겼어.
고구려 출신들이 불교를 믿어서
절이 꼭 필요했지.
절에는 불상을 모시고, 탑을 쌓고,
거대한 석등을 세워 불을 밝혔어.
이제 상경성은 더 많은 사람들로
북적일 거야.

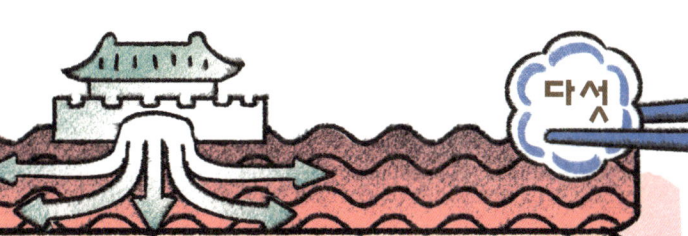

다섯 길

 발해는 상경성을 중심으로 다섯 길을 냈어.
왜 길을 냈을까?

1 마라톤 대회를 열려고

2 맛난 음식을 빨리 배달하려고

3 동물들이 안전하게 다니게 하려고

4 주변 나라와 편하게 오가려고

발해는 다섯 길을 통해 주변 나라에 사신을 보내고,
다양한 특산품을 수출했어.

2 따뜻한 담비 가죽

발해 주변 나라는 물론 멀리 중앙아시아, 이란 상인까지 발해로 담비 가죽을 사러 왔어. 그 덕분에 담비 상인이 오가는 담비 길도 생겼지. 그 외에 말, 도자기, 불상도 발해의 유명 수출품이었어.
발해는 여러 특산물을 가지고 다른 나라와 활발하게 무역했어.

다문화

발해는 문화가 다양한 다문화 나라야.
이유가 뭘까?

1 다양한 패션을 좋아해서

2 다양한 민족이 함께 살아서

3 이름이 문화인 사람이 많아서

4 일주일마다 유행이 바뀌어서

 ## 2 다양한 민족이 함께 살아서

발해는 넓은 땅에 다양한 민족이 모여 살았는데,
각기 고유한 문화를 지키며 서로 존중했어.

우리 고구려 출신은 고구려 문화를 지키며 살아. 기와로 지붕을 얹고, 불교를 믿지. 무덤에 벽화도 그려.

발해 주민이 대부분 말갈족인 거 알지? 우리 손으로 직접 빚은 토기를 사용해. 사람이 죽으면 그냥 흙에 묻거나 항아리에 넣어서 묻어.

찍습니다. '김치' 하세요!

1 영광탑

중국 지린성에 있는 영광탑은 고구려 양식과 당나라 양식을 섞어 지었어. 이처럼 발해는 고구려 유민을 중심으로 다양한 민족이 모여 살면서 개방적이고 독특한 문화를 이루었어.

해동성국

 당나라에서는 발해를 해동성국이라고 불렀어. 무슨 뜻일까?

1 해가 비치지 않는 깜깜한 나라

2 해처럼 밝게 빛나는 나라

3 빙하도 녹일 만큼 따뜻한 나라

4 바다 동쪽에 있는 크고 강한 나라

1. 주변 나라에 알리기

먼저 이웃 나라에 새로운 임금이 올랐다고 소식을 전했어. 이건 발해가 안정되었으니 얕보지 말라는 경고이기도 해.

2. 북쪽 나라 혼내 주기

흑수말갈이 틈만 나면 국경을 넘어오고, 당나라와 친하게 지내지 뭐야. 발해를 넘보지 못하도록 군사를 보내 혼쭐을 냈어.

3. 땅 넓히기

신라가 왕위 다툼으로 혼란한 틈에 대동강까지 땅을 넓혔어. 고구려 광개토 대왕 때보다 땅이 두 배나 커졌지. 대단하지?

바다 동쪽에 있는 크고 강한 나라, 해동성국이라고 부를 만하군.

당나라 사람들도 발해에 왔어. 왜 왔을까?
① 당나라 물건을 팔려고   ② 발해를 염탐하려고

1 당나라 물건을 팔려고

발해가 이렇게 번영을 누리자, 남쪽의 신라는 점점 마음이 불편해졌어.

라이벌

발해는 신라와 라이벌 관계였어.
신라와 무엇을 경쟁했을까?

1 달리기	2 노래 부르기

3 밥 많이 먹기	4 공부하기

 **4 공부하기**

발해는 학생들을 당나라로 유학 보내기로 했어.
유학생으로 뽑힌 오소도는 당나라 최고 교육 기관인 태학에 입학했어.
그곳에 신라인도 여럿 와 있었지.

오소도는 태학에서 이를 악물고 열심히 공부했어.
시간은 빠르게 흘러 어느덧 빈공과 시험날이 되었어.
당나라에 공부하러 온 외국 학생이 보는 과거 시험이었지.

그 뒤로 당나라에 유학 오는 발해 사람이 더욱 늘어났어.

발해 유학생들의 활약 덕분에 발해의 위상도 신라보다 높아졌어.

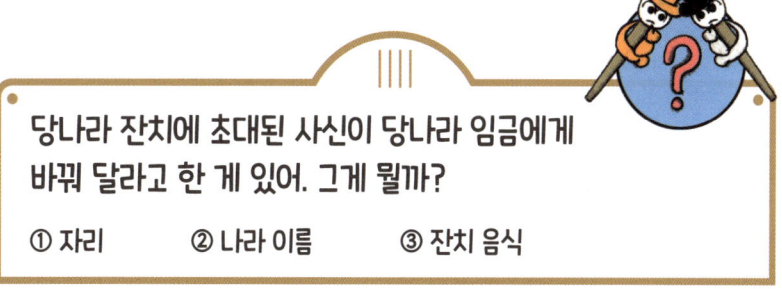

당나라 잔치에 초대된 사신이 당나라 임금에게 바꿔 달라고 한 게 있어. 그게 뭘까?

① 자리　　② 나라 이름　　③ 잔치 음식

1 자리

당나라 잔치에서 외국 사신은 앉는 자리가 정해져 있었어.
땅이 넓고 힘이 센 나라일수록 임금 가까이에 앉았지.
발해의 사신 대봉예는 신라 사신과 자리를 바꿔 달라고 했어.
비록 자리를 바꾸지는 못했지만, 발해가 신라와 다툴 만큼
힘이 강해진 건 사실이었어.

여장부

발해의 여장부로 홍라녀가 유명해.
홍라녀는 어떤 사람일까?

1 서커스 여자 단원

2 장수처럼 용감하고 씩씩한 여자

3 장군 연기를 하는 여자 배우

4 하늘에 제사 지내는 여자 제사장

2 장수처럼 용감하고 씩씩한 여자

전설에 따르면 홍라녀는 발해 왕자의 부인이었어.
홍라녀는 용감할 뿐만 아니라 지혜로웠어.
어느 날, 임금이 홍라녀를 불러 물었어.

홍라녀의 말대로 법을 만들어 따르니, 정말 나라가 안정되었어.
그 뒤 임금은 자주 홍라녀를 불러 나랏일을 의논했어.

그러던 어느 해, 발해가 당나라에 보낸 선물을
거란이 가로채고, 왕자까지 인질로 잡아갔어.

홍라녀는 혼자 말을 타고 거란군을 찾아갔어.
무서운 기세로 거란군을 물리치고, 왕자를 구해서 돌아왔지.

발해 여자들 사이에는 특별한 옷차림이 유행했어. 어떤 옷일까?
① 남자 옷　　② 밤에도 보이는 야광 옷　　③ 물고기 비늘로 만든 옷

1 남자 옷

발해에서는 여자가 남자 옷을 입는 게 유행이었어.
문왕의 딸인 정효 공주 무덤의 벽화에도 남자처럼 꾸민
여자가 씩씩한 호위 무사처럼 그려져 있지.
이런 씩씩한 백성 덕분에 발해는 평화를 누렸어.

애왕

발해의 마지막 임금이야.
발해는 어떻게 멸망했을까?

1 거란이 쳐들어와서	2 외계인이 백성들을 우주로 데려가서

3 지진으로 땅이 갈라져서	4 큰 홍수에 발해 땅이 잠겨서

1 거란이 쳐들어와서

거란을 세운 야율아보기는 발해 땅이 탐났어.
그때 발해는 권력 다툼으로 아주 혼란스러웠지.

"한심하군. 쉽게 무너뜨릴 수 있겠어."

야율아보기는 직접 군대를 이끌고 쳐들어왔어.
발해는 병사도 적고, 성벽도 낡아서 거란군을 막을 수 없었어.
거란군은 상경성 앞까지 물밀듯 들이닥쳤어.

"오호, 길이 아주 좋아."

"헉, 빨라!"

"공격하라!"

"얼른 도망가는 게 살길이다."

"다음은 상경성이다."

발해의 애왕은 신하들을 이끌고 거란군에 항복했어.
하지만 군사들과 백성들은 성안에서 끝까지 저항했어.

거란군은 총공격을 퍼부어 상경성을 쑥대밭으로 만들었어.
발해는 완전히 멸망하고 말았어.

나라를 잃은 발해 유민들은 어떻게 했을까?
① 땅속에 나라를 만들었다.   ② 고려로 갔다.

2 고려로 갔다.

발해가 망하자, 거란은 그 자리에 동단국을 세웠어.
발해 유민들은 끝까지 거란에 맞서다가 잡혀서 끌려갔어.
발해 왕자, 대광현은 거란을 피해 유민들을 이끌고,
남쪽에 통일 신라 다음으로 들어선 고려로 향했어.
이렇게 해서 발해 유민들은 고려 백성이 되었어.
발해의 역사가 고려로 이어지게 된 거야.

신나는 요리 시간

먼저 빈칸에 발해 열 단어를 적어 봐!

◯◯◯은 옛 고구려 땅에 발해를 세운 사람이야.

발해 사람들은 활쏘기와 말타기를 좋아하는 ◯◯◯ 후 예 였어.

발해는 기습적인 ◯◯◯ 공 격 으로 당나라군을 크게 이겼어.

가장 오랫동안 발해의 도읍이었던 곳은 ◯◯◯ 이야.

상경성을 중심으로 다른 나라와 교류하는 ◯◯ 길 을 만들었지.

발해는 ◯◯◯ 나라로 여러 민족이 서로의 문화를 존중하며 살았어.

발해는 고구려 두 배만큼 커졌고, ◯◯ 성 국 이란 별명을 얻었어.

북쪽 발해와 남쪽 신라는 서로 경쟁하는 ◯◯◯ 관계였지.

홍라녀는 거란과 싸워 이겼다는 전설 속 ◯◯◯ 야.

하지만 발해는 ◯◯ 때 거란에 망하고, 유민들은 고려로 갔어.

정답: 대조영, 고구려 후예, 등주성 공격, 상경성, 다섯 길, 다문화, 해동성국, 라이벌, 여장부, 애왕

왕건

 고려의 첫 임금이야.
임금이 되기 전에는 무슨 일을 했을까?

1 엄청 빠른 달리기 선수

2 미래를 읽는 점술가

3 궁예의 부하 장수

4 몸짱 대회 우승자

3 궁예의 부하 장수

왕건은 후고구려를 세운 궁예를 돕던 장수였어.
그런데 어느 날, 장수들이 왕건을 찾아왔어.
궁예는 포악해서 임금에 어울리지 않는다며
왕건에게 임금이 되어 달라고 부탁했지.
왕건은 갑옷을 갖춰 입고 궁궐로 향했어.
길가의 백성들도 왕건을 환영했지.
왕건은 곧 고구려를 계승한 나라
고려를 세웠어.

왕건 장군이 임금이 되면
반드시 좋은 세상이 올 거야!
의심병에 걸려 왕비까지 죽인
궁예랑 비교가 되겠어?

목숨이라도
건져야지,
탈출!

왕건은 개경을 도읍으로 정하고, 주변 정세를 살폈어.
그때 후백제의 견훤이 왕건을 찾아왔어.
아들에게 임금 자리를 빼앗기고 도망 온 거야.

왕건의 기세에 많은 군사가 고려 편으로 넘어오고,
견훤의 아들도 사로잡혔지.

왕건은 나라가 다시 나뉠까 봐 걱정돼서 계획을 세웠어. 그게 뭘까?
① 망원경으로 감시하기   ② 지방 세력가의 딸과 결혼하기

2 지방 세력가의 딸과 결혼하기

나라가 통일됐지만, 지방 세력가인 호족은 아직 힘이 셌어.
왕건은 이들의 딸과 결혼해 가족을 삼기로 했어.
그래서 왕건은 부인이 29명이나 돼.

왕건은 충성하는 호족에게 왕씨 성도 주었어.
또 호족의 아들은 개경에 와서 살게 했어.
그 덕분에 임금의 힘이 점점 강해졌지.

과거 시험

고려 때 처음으로 과거 시험이 시작됐어.
누가 시작했을까?

1 시험 감독관	2 족집게 과외 선생님

3 광종 임금	4 열성 학부모

3 광종 임금

광종의 백성 사랑

과거 시험을 보려면 공부를 해야 했지. 어디서 했을까?

① 국자감　　② 해우소　　③ 수라간

1 국자감

국자감은 나라에서 만든 대학인데, 학비가 공짜였어.
여기서 유학 경전 통째로 외우기, 글짓기 실력
키우기 등에 힘썼지.
그런데 최충이란 사람이 가만히 보니
자신도 학생들을 가르칠 수 있을 것 같았어.
최충은 '9재 학당'이란 사립 학교를 만들었어.
그랬더니 전국에서 공부하겠다는 젊은이들이
몰려와서 집이 터질 뻔했지.
고려 사회는 점점 학문이 꽃피었고,
이 덕분에 좋은 인재들도 나날이 늘어났어.

코리아

고려는 다른 나라에 코리아로 알려졌어.
누가 이렇게 불렀을까?

1 고려에 온 아라비아 상인

2 고려에서 태어난 미국 아이

3 고려를 좋아한 아프리카 할아버지

4 고려가 어딘 줄 모르는 에스키모 아저씨

1 고려에 온 아라비아 상인

벽란도는 고려에서 가장 큰 무역항이야.
다른 나라에서 온 배들이 물건을 내리려고 줄을 이었고,
다양한 나라의 상인들로 거리가 북적댔어.
그곳에 온 아라비아 상인이 고려를 코리아로 불렀지.

3 고려 인삼

외국 상인들은 고려에서 다양한 물건을 사 갔어.
특히 인삼은 약효가 좋아서, 모두 갖고 싶어 했어.
외국 상인들을 통해 고려라는 이름이 세계로 퍼졌어.

골라! 골라!

난 고려청자 사 갈래! 빛깔이 너무 좋아.

고려의 수출품

인삼은 송나라에서 천금을 줘도 못 살 정도로 인기가 높아!

난 이 부채가 맘에 쏙 드네!

고려 종이를 잔뜩 사야지. 엄청 비싸게 팔릴걸!

외교 천재

고려는 외교 실력이 매우 뛰어났어.
어느 나라를 설득해서 위협에서 벗어났을까?

1 고려를 항상 노리던 거란	2 시끄러운 사람들이 사는 소란
3 고려청자를 탐낸 아라비아	4 태평양 건너 미국

1 고려를 항상 노리던 거란

거란이 호시탐탐 고려를 위협했어.
고려는 다양한 외교 전략으로
거란을 상대했지.

고려가 강할 땐 무시 전략!

거란이 외교를 하자며
낙타 30마리를 선물로 보냈어.
하지만 거란은 발해를 무너뜨린
원수! 고려는 낙타를 굶겨 죽이고
외교도 거부했어.

혼자 힘으로 벅찰 땐 친구 전략!

거란의 힘이 세졌어. 고려는
송나라에 사신을 보내 거란에 함께
맞서기로 약속했어.

적이 쳐들어올 땐 무슨 전략?

거란이 고려로 쳐들어왔어.
고려가 차지한 고구려의 옛 땅도 내놓으라고 했지.

"안 들려. 안 들려."
"힘을 합치자!"

"이번엔 어떤 전략이 좋겠소?"
"이럴 땐 돌격 전략뿐입니다."
"백기 전략을 써서 전쟁을 피합시다."
"꿍꿍이가 뭔지 알아야 해요. 내가 거란군 대장을 만나 투시 전략을 쓰겠습니다."

거란군 대장을 만나러 고려 대표로 나선 사람은 누구일까?
① 내시   ② 서희   ③ 심령술사

 **2 서희**

서희는 정세를 잘 읽고, 말솜씨도 뛰어난 외교관이었어.
서희는 거란 장군 소손녕을 만나 담판을 시작했어.

고려는 거란군을 물러나게 하고 압록강 동쪽 땅까지 되찾았어.
외교 천재, 고려의 전략이 승리한 사건이었어.

귀주 대첩

 귀주에서 거란군을 크게 무찌른 전투야.
거란군은 왜 다시 쳐들어왔을까?

1 잠시도 전투를 안 하면 좀이 쑤셔서

2 서희와 다시 말싸움하려고

3 고려 맛집이 그리워서

4 압록강 동쪽 땅을 되찾으려고

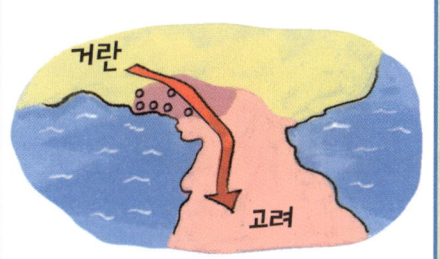

4 압록강 동쪽 땅을 되찾으려고

거란은 압록강 동쪽 땅이 중요한 곳이란 걸 깨닫고, 다시 뺏고 싶어 10만 대군을 이끌고 쳐들어왔어. 하지만 이번엔 강감찬 장군이 기다리고 있었어.

작전1: 물줄기를 막아라!

강감찬 장군은 소가죽을 이어서 강물의 물줄기를 막아 놓고 군사들을 숨어 있게 했어.
거란군이 얕은 강인 줄 알고 마음 놓고 건널 때, 강감찬 장군은 둑을 터뜨리라고 명령을 내렸어. 거란군은 불어난 물에 휩쓸려 큰 피해를 입었어.

작전2: 적군을 굶겨라!

함정을 빠져나온 거란군은 서둘러 개경으로 달렸어. 강감찬 장군은 개경으로 가는 길목의 성마다 명령을 전했어. 성 밖에 식량이 될 만한 것을 모두 없애고, 백성을 모두 성안으로 들어오게 하라는 내용이었지.

식량이 떨어진 거란군은 성 밖에서 점점 지쳐 갔어. 날씨까지 추워지자, 결국 거란군은 후퇴하기로 했어.

강감찬 장군은 후퇴하는 거란군에게 어떻게 했을까?
① 길목 막고 기다리기　　② 도시락 주고 항복 받기　　③ "용용 죽겠지!" 하고 놀리기

1 길목 막고 기다리기

강감찬 장군은 거란군이 후퇴하는 길목인 귀주 들판에 진을 치고 기다렸어. 마지막 작전이 남았거든.

작전3: 바람을 이용하라!

거란군이 나타나자, 고려군은 공격을 퍼부었어.
거란군도 죽을힘을 다해 싸웠지.
그때 바람이 거란군 쪽으로 불기 시작했어.
강감찬 장군은 화살로 총공격을 하라고 명령했어.
이 공격으로 거란군은 거의 다 죽었어.
그 뒤 거란은 다시는 고려로 쳐들어오지 않았어.
고려에 잠시 평화가 찾아왔어.

드디어 바람 방향이 바뀌었다. 총공격!

바람의 방향까지 생각해 작전을 짜다니…. 졌다!

여섯

고려청자

고려 사람들이 만든 푸른빛이 도는 도자기야.
누가 주로 썼을까?

1 사람들 물건 빼앗던 산적

2 전쟁에 나가 싸우던 병사

3 시장에서 물건 팔던 상인

4 신분이 높고 돈 많은 귀족

4 신분이 높고 돈 많은 귀족

송나라 사신 서긍

4
게시물

500만
팔로워

4
팔로잉

오늘 개경 귀족 집에 초대를 받았다. 귀족 집은 지붕도, 장식도 모두 청자다. 차 마시라고 내놓은 주전자가 너무 탐나서 사진으로라도 남기고 싶어 찰칵!

#출장은_즐거워!
#고려_최고_귀족_이자겸의_집_방문

거실을 지나치는데, 특이한 모양의 꽃병이 보였다. 참외 모양을 본뜬 꽃병이라니! 송나라에서는 상상도 못 한 모양이다. 고려 처자도, 꽃병도 모두 아름답다.

#우아한_꽃병
#몸통은_참외_모양
#주둥이는_꽃잎_모양

피곤해서 식사 중에 깜빡 졸았더니 낮잠을 자라고 방으로 안내해 주었다. 하지만 너무나 정교한 향로와 베개를 감상하느라 잠이 번쩍 깨고 말았다.

#예술이다_예술!
#사자_모양_향로
#베개도_청자

돌아가는 길에 정원에서 청자 의자 발견! 앉아만 있어도 힐링이 될 것 같다. 이렇게 정교하고 아름다운 청자를 매일 즐기며 사는 고려 귀족이 부럽다.

#도자기인가_조각품인가
#청자_투각_의자
#투각은_칼로_뚫는다는_뜻

서긍이 만난 귀족, 이자겸은 고려 임금과 어떤 사이였을까?
① 숨겨진 형제　　② 장인과 사위　　③ 철천지원수

2 장인과 사위

이자겸의 집안은 할아버지가 과거에 장원 급제하고, 임금의 장인까지
되면서 크게 일어났어.
그 덕분에 이자겸의 아버지와 이자겸도 일찍 벼슬을 얻어 출세했지.
나중에 이자겸의 두 딸이 임금과 결혼하자,
이자겸 집안의 지위는 더욱더 높아졌어.
이처럼 부모의 지위가 자식에게 세습되는 특권을 가진
가문과 사람들을 문벌 귀족이라고 불렀어.
문벌 귀족들은 대대로 화려한 생활을 누렸지.

이제부터 우리도 문벌 귀족!
이자겸 할아버지

과거 볼 필요도 없이 벼슬자리 보장!
이자겸 아버지

벼슬과 신분을 대대로 물려줄 수 있다고!
이자겸

우아! 부럽다.

무신의 난

무신들이 일으킨 반란이야.
왜 일으켰을까?

| 1 | 누가 센지 힘자랑하려고 |

| 2 | 문신만 잘 대우해서 |

| 3 | 임금이 내 주는 숙제가 하기 싫어서 |

| 4 | 낮잠 시간을 달라고 |

 ## 2 문신만 잘 대우해서

> 무신들의 세상을 만들자!
> 긴급 비밀 공지! X월 X일, 밤 X시 집합

정중부: 들으셨습니까? 오늘 의종 임금님이 여는 잔치에서 이소응 대장군이 젊은 문신에게 따귀를 맞았답니다.

이의방: 뭐라고? 우리 무신을 얼마나 우습게 보면 젊은 문신이 수염이 허연 장군에게 그런 무례를 범한단 말이오?

정중부: 몇 년 전에도 한 문신이 내 수염을 일부러 태웠는데, 벌 하나 받지 않았어요. 도리어 내가 문신에게 항의했다는 이유로 관직까지 뺏겼지요.

어이쿠, 죄송합니다. 실수!

으으으, 내 수염!

이대로 두면 문신들이 점점 더 우릴 무시 할 거요.

이의방

오늘만 해도 문신은 안에서 잔치를 즐기고 무신은 밖에서 보초만 서다니…. 불공평해요.

아무개 1

툭하면 여기저기 불려 다니고, 힘든 공사까지 거들어야 하니.

아무개 2

정중부
더 이상 참으면 안 되겠소. 오늘 밤, 우리 무신들의 힘을 보여 줍시다!

좋습니다!

아무개 1　아무개 2

그날 밤, 무신들은 모여서 무엇을 했을까?

① 잔치에 참석한 문신들을 모두 죽였다.　② 문신들의 수염을 모두 불태웠다.

1 잔치에 참석한 문신들을 모두 죽였다.

무신들은 자신들을 무시했던 문신들을 모두 죽였어.
그 뒤 고려는 무신 세상이 되었어.
무신들은 자기들끼리 높은 벼슬을 나눠 가지고
백성의 땅을 빼앗고, 사치를 일삼았지.
그때 최충헌이 나라를 바로잡겠다고 나섰어.

"적당히 할걸!"

"백성들을 괴롭히는 관리를 벌하고 무신들의 사치를 금지하겠다!"

하지만 최충헌도 곧 다른 무신처럼 권력에 집착하게 되었어.
최충헌이 아들 최우에게 권력을 물려주던 즈음에
고려 밖에서는 중국을 통일한 몽골이 고려를 넘보고 있었어.

팔만대장경

고려 때 만든 불교 경전이야.
왜 이걸 만들었을까?

1 다른 나라에 8만 원에 수출하려고

2 선착순 8만 명에게 나눠 주려고

3 이걸 만들면 8만 년을 산다고 해서

4 위기에 처한 나라를 구하기 위해서

4 위기에 처한 나라를 구하기 위해서

무신 대표 최우의 일기

● 1231년 8월 **일 몽골군 1차 침입   💡 막무가내 몽골군. 고려는 억울해.

고려에 왔던 사신 저고여가 죽은 걸 핑계 삼아 몽골군이 쳐들어왔다. 백성들을 죽이고 도읍인 개경까지 위협했다. 할 수 없이 원하는 걸 다 들어준다고 했더니, 그제야 물러났다.

● 1232년 6월 **일 강화도로 천도   💡 몽골군은 바다 겁쟁이.

몽골군을 돌려보냈지만 안심할 수 없었다. 난 임금님에게 강화도로 도읍을 옮기자고 건의했고, 당장 실행했다. 그랬더니 몽골은 강화도에서 빨리 나오라며 야단이다. 아, 불안하다!

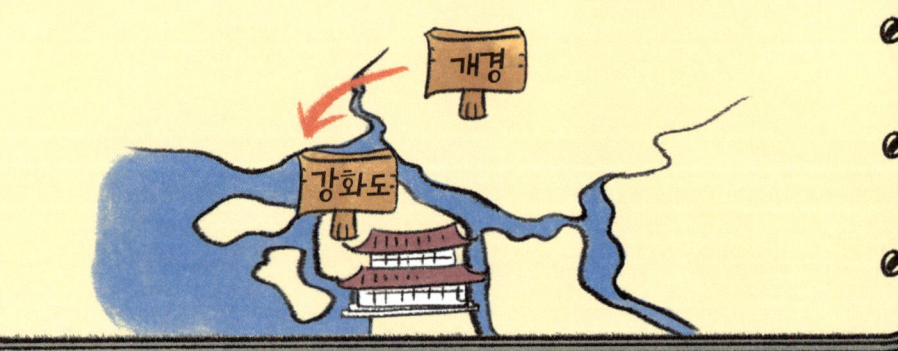

3 김윤후

승려 김윤후는 충주성으로 달려가 몽골군과 싸웠어.
병사가 부족해지자 김윤후는 그곳 노비들을 설득했지.

공민왕

원나라의 간섭에서 벗어나고자 노력한 임금이야.
공민왕은 무엇을 했을까?

1 몽골 풍습을 금지했다.

2 귀를 틀어막고 들리지 않는 척했다.

3 국경에 하늘까지 닿는 벽을 세웠다.

4 스토커로 신고했다.

1 몽골 풍습을 금지했다.

공민왕은 열한 살에 원나라에 갔다가 노국 대장 공주와 결혼했어.
고려 왕자는 원나라 공주와 결혼해야 임금이 될 수 있었거든.
공민왕은 임금이 되어 고려에 돌아오는 길에
원나라의 간섭에서 벗어나기로 결심했어.
공민왕은 맨 먼저 옷차림과
머리 모양을 고려식으로 바꾸고,
귀족과 백성에게도 바꾸라고 했어.

원나라의 간섭을 받으라고? 흥! 난 그럴 마음이 없어.

원나라 세력을 하나씩 몰아내 주지!

고려 사람이냐? 몽골 사람이냐? 옷 똑바로 입어라!

알겠습니다.

몽골 풍습 금지

또한 공민왕은 원나라를 지지하는 세력을 누르기 위해 노력했어. 이 세력의 대표적인 인물인 기철은 여동생이 원나라 임금의 부인이 되자, 기세등등해서 백성의 땅을 빼앗고, 공민왕도 무시했어.
기회를 엿보던 공민왕은 잔치를 연다며 기철과 그 무리를 궁궐로 불러 모두 처형했어.

정동행성은 원나라가 고려에 둔 관아야.
이곳의 원나라 관리가 고려 정치에 사사건건 간섭하자 공민왕이 아예 없애 버린 거지.

공민왕이 믿고 일을 맡긴 승려가 있었어. 이름이 뭘까?
① 한돈   ② 신돈   ③ 목돈

 ## 2 신돈

공민왕은 관리들이 뺏은 땅을 돌려주는 일을 신돈에게 맡겼어.
신돈은 천민 출신 승려로 가진 재산도 없고, 욕심도 없었거든.

신돈은 일을 잘 처리해서 살아 있는 보살이라고 칭찬받았어.
하지만 권력의 맛을 알게 되면서 점점 타락했지.
공민왕은 신하들의 뜻을 받아들여 신돈을 죽였어.
이 일로 공민왕의 개혁 의지도 꺾이고 말았지.

최영

 고려의 용맹한 장군이자 충신이야.
어떤 일을 했을까?

1 금광을 찾아서 나라에 바쳤다.

2 어린 임금을 업어서 키웠다.

3 고려에 침입한 외적을 물리쳤다.

4 새로운 갑옷을 유행시켰다.

3 고려에 침입한 외적을 물리쳤다.

고려는 외적의 침입이 잦았어. 북쪽에서는 원나라 반란군인 홍건적이 쳐들어와 고려 백성들을 괴롭혔어. 고려의 장군들은 홍건적 퇴치에 힘썼어. 그때 최영도 큰 몫을 했지.

홍건적보다 고려를 더 많이 괴롭힌 건 일본 해적이야. 일본 해적은 원래 남쪽 해안가 마을만 노렸는데, 나중에는 동해, 서해, 남해 가리지 않고 나타났어.

최영은 당장 일본 해적이 있는 곳으로 달려가 싸웠어.
그러다 일본 해적이 쏜 화살에 입술을 맞았지.
최영은 화살을 뽑아내고 다시 일본 해적과 싸워 크게 이겼어.
그 뒤로 일본 해적은 최영만 보면 벌벌 떨었어.

내가 화살 실력은 최영보다 낫다고!

고려는 우리가 지킨다!

일본 해적 토벌단!

젊은 장군 이성계도 함께 활약했어.
용맹한 장군들의 활약으로 일본 해적은 줄어들었어.
그사이 공민왕이 죽고, 어린 우왕이 임금이 되었어.

우왕 때 중국에 새로운 나라가 생겼어. 나라 이름이 뭘까?
① 명나라　　② 흑나라　　③ 백나라

1 명나라

중국에서 원나라가 망하고, 명나라가 들어섰어.
명나라가 갑자기 고려에 철령 이북 땅을 넘기라고 하자
최영은 요동 지방을 쳐서 따끔한 맛을 보여 주자고 주장했어.
이성계가 여러 가지 이유를 들어 반대했지만 소용없었어.
결국 이성계는 군대를 이끌고 요동으로 출발했어.
하지만 중간에 군대를 돌려 개성으로 와서 반란을 일으켰어.
최영은 이성계에 맞서 싸웠지만, 끝내 목숨을 잃었지.
얼마 뒤, 이성계는 조선을 세웠고, 고려는 멸망했어.

신나는 요리 시간

먼저 빈칸에 고려 열 단어를 적어 봐!

○○은 고려의 첫 임금이 되었어.

광종은 우리나라에서 처음으로 ○○ 시 험 을 시작했어.

아라비아에서 온 사람들은 고려를 ○○○라고 불렀어.

거란이 고려를 공격하자 ○○○○ 서희가 설득하여 물러나게 했어.

또다시 거란이 공격하자, 강감찬이 ○○ ○○에서 크게 물리쳤어.

푸른빛이 도는 아름다운 ○○○○는 다 귀족들 차지였지.

문신들이 무신들을 차별하자, ○○ 의 ○이 일어났어.

고려는 몽골 침입을 이겨 내려고 ○○○○○을 만들었어.

○○왕은 몽골족이 세운 원나라의 간섭에서 벗어나 고려를 개혁했지.

○○은 홍건적과 일본 해적을 물리친 고려의 마지막 충신이야.

정답: 왕건, 과거 시험, 코리아, 외교 천재, 귀주 대첩, 고려청자, 무신의 난, 팔만대장경, 공민왕, 최영